EL PRINCIPIO DE PETER

Cómo combatir la incompetencia en el trabajo

Por Gabriel Verboomen
En colaboración con Brigitte Feys
Traducido por Marina Martín Serra

Economía y empresa   en50MINUTOS.es

LAS CLAVES PARA EL ÉXITO

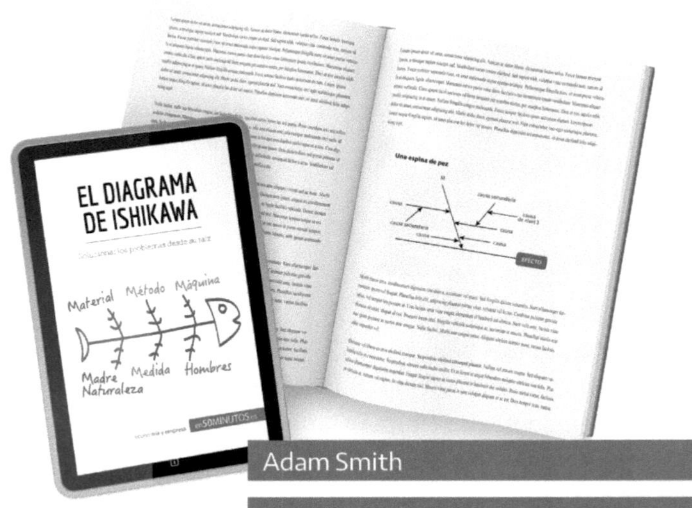

Adam Smith

El principio de Pareto

El estrés laboral

La pirámide de Maslow

www.en50minutos.es

EL PRINCIPIO DE PETER

- **¿Denominaciones?** El principio de Peter o principio de incompetencia de Peter
- **¿Utilidad?** Gestión de los recursos humanos y de su rendimiento, valorización de los potenciales humanos
- **¿Por qué es eficaz?** Su eficacia es incierta ya que depende de los individuos y de las organizaciones
- **¿Palabras clave?**
    - <u>Competencia</u>: conocimientos y experiencia necesarios para una máxima eficiencia en un puesto determinado
    - <u>Eficiencia</u>: sinónimo de la excelencia, aptitud de un empleado para ejecutar algunas tareas con recursos limitados (tiempo, dinero, etc.)
    - <u>Jerarquía</u>: estructura de autoridad en el seno de una organización
    - <u>Ascenso</u>: promoción de un trabajador a un nivel jerárquico superior en el seno de un organismo

Cuando analizamos el principio de Peter es especialmente importante destacar que este modelo, aunque resulte esclarecedor en muchas situaciones determinadas, surgió de una obra satírica y, por lo tanto, hay que evitar establecerlo como una verdad científica en sentido estricto. En un contexto de jerarquización de las organizaciones cada vez más fuerte se plantea la cuestión de la promoción interna. ¿El criterio dominante para determinar el ascenso jerárquico de un empleado, debe ser su competencia? ¿Cómo hay que medir este nivel de competencia? ¿Un empleado eficiente es necesariamente un buen organizador?

Definición del modelo

El principio de Peter afirma que si un empleado es eficiente a un nivel jerárquico determinado, lo ascenderán al nivel jerárquico superior y así sucesivamente, hasta que alcance un nivel en el que será ineficiente. Si no puede bajar de rango, se deduce que todas las estructuras evolucionan de forma natural hacia un equilibrio de la mayor ineficiencia.

Aunque a primera vista el principio puede sonar absurdo, plantea algunas preguntas en materia de gestión de recursos humanos. ¿A quién hay que ascender para el beneficio tanto del individuo como de la empresa? ¿Bajo qué condiciones hay que hacerlo para aumentar la eficiencia global?

TEORÍA Y PRESENTACIÓN DEL CONCEPTO

<u>Laurence Johnson Peter (educador y psicólogo canadiense, 1919-1990)</u>

Laurence J. Peter, natural de Vancouver y graduado en 1958 por el Western Washington State College, se convirtió rápidamente en profesor mientras continuaba estudiando psicología y ciencias de la educación. Se doctoró en esta última disciplina durante el año 1963. A continuación, dirigió el Centro Evelyn Frieden e hizo de asesor en programas para niños con problemas de adaptación para la Universidad del Sur de California en 1966.

Aunque su primer libro, *La enseñanza prescriptiva*, se publicó en 1965, no se hizo famoso hasta la publicación de *El Principio de Peter* (1969), escrito en colaboración con Raymond Hull (guionista canadiense, 1919-1985).

LAS HIPÓTESIS DEL PRINCIPIO DE PETER

El principio de Peter, como todo modelo económico, se basa en hipótesis de las que hablaremos. Solamente citaremos las más importantes, de forma no exhaustiva:

* la estructura jerárquica de una empresa es naturalmente

piramidal. Esta visión simplificada refleja los niveles jerárquicos estrictamente definidos: una base de trabajadores dirigidos por un número menor de directivos, dirigidos por un número todavía inferior de directivos superiores, y así sucesivamente;

La estructura piramidal

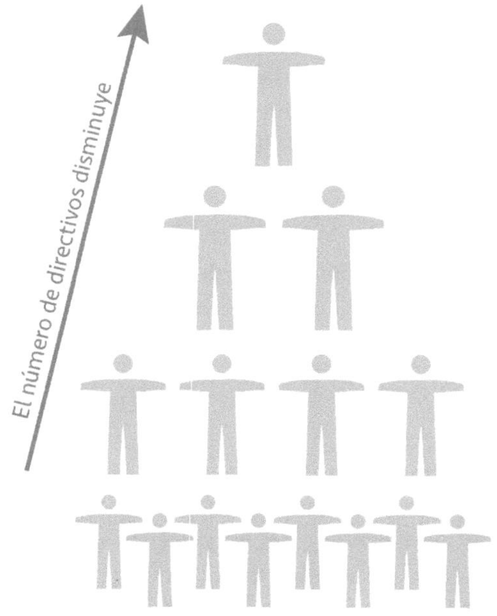

- Los puestos son rígidos y agrupan funciones inmutables: al que se le asigna un puesto realiza una serie de funciones. Si no consigue hacer el trabajo que le corresponde, este simplemente no se realizará. Si lo consigue, no se dedicará tanto a otras tareas. En este sentido, sin embargo, cabe destacar que estas descripciones estructurales se remontan a una época ya pasada y que actualmente las empresas son organizaciones mucho más flexibles, que trabajan, por ejemplo, por proyectos o en red;

* la hipótesis más fuerte y más controvertida es a la que la literatura llama «hipótesis de Peter». El nivel de competencia en un puesto jerárquicamente superior es completamente independiente del nivel de competencia para el puesto jerárquicamente inferior. Si un empleado es el mejor en un puesto y le ascienden al siguiente nivel, su nivel de competencia después del ascenso es puramente aleatorio.

Según Jean-Paul Delahaye (informático y matemático francés, nacido en 1952), si aceptamos estas hipótesis simplificadoras, lógicamente supondremos que cualquier ascenso tiende a reducir el rendimiento del empleado, según dos efectos.

* **El efecto trinquete:** la reversión es imposible porque a un empleado ascendido no se le puede bajar de rango. Si es competitivo, seguirá subiendo y no se quedará en el puesto en el que es competente. Este movimiento continúa necesariamente hasta que alcanza el nivel demasiado alto, en el que ya no es eficiente. El empleado bloqueado en este nivel no puede entonces ni bajar de rango ni seguir subiendo.
* **El efecto estadístico de regresión hacia la media (o**

principio de la distribución estadística): cuando ocurre un evento aleatorio llamado «normal», hay más probabilidades de obtener un resultado cercano a la media que de obtener un resultado muy alto o muy bajo. Así, la empresa, que tiene la suerte de poder contar con un empleado mucho más competente que la media y que decide cambiarlo de puesto, determina de nuevo aleatoriamente la competencia de este último con muchas probabilidades de obtener un resultado medio.

El principio de Peter

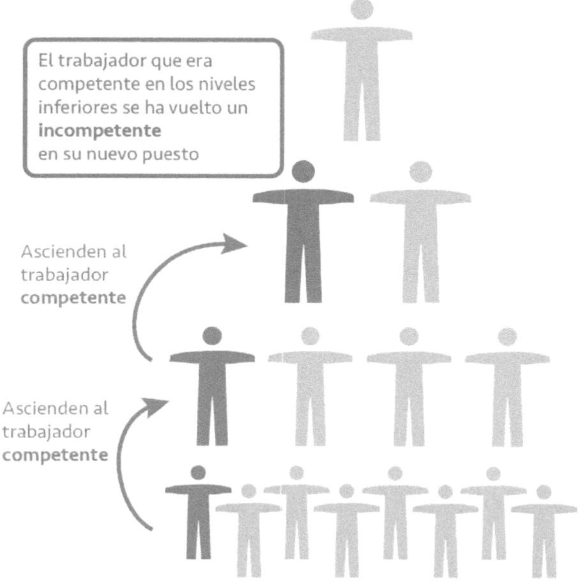

Trabajadores

Así pues, bajo los supuestos del principio de Peter se esconde una verdad incómoda: probablemente, con el tiempo, los incompetentes acabarían ocupando todos los puestos, mientras que cuanto más arriba en la jerarquía se encuentra un puesto, más importante es para el rendimiento global de la estructura. Esto no significa que la base de la pirámide sea menos importante para el buen funcionamiento de la empresa, sino todo lo contrario. Simplemente, si admitimos la estructura piramidal y le damos la misma importancia a todos los niveles, un puesto tiene más importancia en el rendimiento global allí donde hay pocos puestos. Por ejemplo, si hay dos directivos para cinco empleados, la competencia individual del directivo representará el 50% del rendimiento de su nivel jerárquico, mientras que el rendimiento individual de un empleado contará sólo un 20%.

En las hipótesis del principio de Peter, especialmente la del efecto trinquete, parece claro que «todo empleado tiende a ascender hasta su nivel de incompetencia», por lo que el equilibrio natural de una estructura es que cada puesto esté ocupado por alguien que no puede asumir sus responsabilidades.

LOS INCOMPETENTES

Este principio lo construye Laurence J. Peter en una ciencia de las organizaciones de pleno derecho a la que llama «jerarcología».

Su objetivo es darle aplicaciones concretas y enfrenta a su modelo con la realidad de las organizaciones que ha observado. Por supuesto, señala excepciones al principio. Por ejemplo, no siempre se promueve a los más competentes. Menciona varios casos en los que se promueve a incompetentes y explica las razones de esto.

- **La sublimación percusiva o seudopromoción:** esta estrategia que hace subir al incompetente hasta el nivel superior sirve principalmente para mantener la esperanza de todos los otros que piensan que un día les ascenderán a ellos. Es peligrosa porque su objetivo es que la gente que no forma parte de la jerarquía se haga ilusiones.
- **El arabesco lateral:** se asciende a un incompetente a un nuevo puesto inútil y más pomposo —y también a menudo en una ubicación más apartada— para limitar los perjuicios que puede ocasionar en su puesto actual.
- **La inversión de Peter:** en este caso, el ascenso de un incompetente se debe a su cumplimiento de las normas impuestas por la jerarquía más que a su eficiencia. Se invierten el fin y los medios ya que las normas existen para aumentar la productividad y aquí se valora más el cumplimiento de las normas que la productividad.
- **La defoliación jerárquica:** para evitar que el trabajador perciba lo absurdo del sistema y decida no adaptarse a él, se da prioridad al ascenso de un incompetente.

LOS SÍNTOMAS DEL ÚLTIMO PUESTO

Para Peter, resulta fácil detectar los síntomas de la incompetencia y los signos de ocultamiento de ésta hacia los demás y hacia uno mismo. Los llamados «síntomas del último puesto», sin embargo, crean la ilusión de una plenitud profesional.

- **Archivofilia:** de archivo y del griego *philos* («amigo»), la manía de clasificar inútilmente para hacer creer o incluso creerse que se está haciendo un trabajo importante.
- **Gigantismo tabulatorio:** se refiere a los incompetentes que quieren tener la mesa de mayor tamaño.
- **Papiromanía:** del griego *papyros* («papel») y del bajo latín *mania* («locura», «obsesión»), síntoma del incompetente que acumula montones de papeles —de ahí el desorden aparente— en su escritorio para dar la impresión de que está muy ocupado.
- **Papirofobia:** del griego *papyros* («papel») y *phobos* («miedo»), síntoma del incompetente que no tolera que haya ningún papel en su espacio de trabajo. Si el escritorio está limpio, los colegas, los superiores —e incluso quizás el propio trabajador— piensan que el trabajo se hace de forma efectiva.
- **Fonofilia:** del griego *phônê* («voz») y *philos* («amigo»), síntoma del incompetente que atribuye su incompetencia a la falta de contacto con sus colegas y subordinados y que instala múltiples teléfonos y magnetófonos en su escritorio. Como la obra es del año 1969, sin duda habría que reformular este «síntoma» en función de las tecnologías actuales.

- **Rigor Cartis:** del latín, interés obsesivo por los gráficos, los esquemas y los organigramas que crean la ilusión de tener el control de las situaciones.
- **Codigofilia inicial:** de código y del griego philos («amigo»), síntoma del incompetente que habla mediante iniciales y siglas incomprensibles para los que no son especialistas en ese campo, para dar la idea de un cierto profesionalismo. El incompetente complica las cosas por el placer de darse importancia.
- **Estructurofilia:** del latín structura («arreglo», «construcción»), y del griego philos («amigo»). Al incompetente que sufre de ella le gusta trabajar en un marco estructurado y demuestra una obsesión por el orden y el mantenimiento del edificio en el que evoluciona, en detrimento de la calidad de su trabajo.
- **Síndrome de vaivén:** el incompetente raramente toma decisiones y deja las cosas pendientes durante mucho tiempo.
- **Tabulogía anormal:** del latín tabula («plancha», «tabla»), síntoma del incompetente que ordena de manera poco corriente y extraña el material de oficina.

Peter, sin embargo, matiza su intervención explicando que, afortunadamente para el funcionamiento de nuestros modelos políticos, sociales y económicos, no necesariamente todos los puestos en la parte superior de la jerarquía están ocupados por incompetentes. De hecho, en la enunciación de su principio, destaca el hecho de que a menudo la estructura jerárquica de una organización es demasiado pequeña para que todas las personas muy competentes —aunque tampoco se necesiten demasiadas, porque si no sufren la defoliación jerárquica— alcancen sus límites. Cabe destacar, sin embargo, que a los superiores competentes normalmente les ofrecen nuevos puestos organizaciones más grandes, donde pueden volver a subir la escalera para llegar también ellos a su umbral de incompetencia.

LÍMITES DEL MODELO Y EXTENSIONES

LÍMITES Y CRÍTICAS DE SU PLANTEAMIENTO

Los límites del modelo saltan a la vista si tenemos en mente las hipótesis que lo sostienen.

- Actualmente, una organización no suele ser una estructura piramidal tan simple como la que Peter describe. A menudo, un empleado que coordina a otros no ha sido objeto de un ascenso. Los distintos departamentos están en igualdad, por lo menos en teoría. Se promueve la descentralización y el *empowerment* («responsabilización», «capacidad de actuación») y se tiende a reducir la jerarquización vertical pura y simple. Este fenómeno se llama «aplanar la pirámide». ¿Quizás esta sea, precisamente, una de las formas contemporáneas de evitar los efectos del principio de Peter que datan de una época en la que la jerarquía era más rígida?
- Un puesto ya no es fijo. Si se nombra a un incompetente para un puesto y este no asume sus responsabilidades, es probable que una buena parte de sus funciones se asignen progresivamente a otro puesto.
- La cuestión de la motivación plantea también problemas, ya que una parte de las competencias puede venir de la que tiene un trabajador. Este último, eficiente a un nivel de la jerarquía, lo es sin duda en parte gracias a su motivación y, si conserva este entusiasmo, es probable que adquiera más fácilmente las nuevas competencias necesarias para el puesto superior, lo que le vuelve más eficiente.

- La realidad actual del *turn-over* es impresionante, ya que se estima que un joven que entra en el mercado de trabajo tiene muchas posibilidades de cambiar de función o de empresa alrededor de cinco veces.
- Finalmente, la hipótesis de Peter es sobre todo la más discutible, aquella según la que la competencia para un puesto es intrínsecamente independiente de la competencia para el puesto inferior. Otros investigadores, como los físicos italianos Alessandro Pluchino, Andrea Rapisarda y el sociólogo Cesare Garofalo, en su artículo «The Peter Principle Revisited: A Computational Study», ofrecen una visión renovada del famoso principio, con la formulación de la hipótesis inversa. La llaman «la hipótesis del buen sentido»: la competencia para un puesto superior depende de la competencia para el puesto inferior que se ve aumentada o reducida alrededor de un 10%.

Las comprobaciones empíricas de la incompetencia desarrolladas por Peter pueden igualmente cuestionarse. Los síntomas concentran tantos comportamientos que no podemos, así como algunos hacen, utilizarlos como supuesta prueba del principio de Peter. Si consideramos al pie de la letra algunas hipótesis, acabaremos enfrentándonos a situaciones como la siguiente: es incompetente al que le gusta demasiado el orden o el que es demasiado autoritario, pero también lo es el que no es lo suficientemente ordenado u autoritario. Aunque los excesos siempre son perjudiciales, la mayoría de los supuestos síntomas se perciben en un principio, en cierta medida, como cualidades. Además, la razón por la que un incompetente adopta estas actitudes —pero llevadas al extremo— es para tratar de ocultar su incompetencia. En conclusión, el principio de Peter no es verificable y el tono sarcástico que utiliza en su obra sugiere que no tiene ninguna pretensión científica real.

MODELOS CONEXOS Y EXTENSIONES

El principio de Peter forma parte de un conjunto de «leyes» del mismo tipo, con una vocación más o menos humorística, que describen el mundo de las organizaciones con un cierto cinismo y cuyo rigor científico no es la mayor preocupación. No obstante, algunas de ellas destacan realidades que cuestionan y a las que la mayor parte de las organizaciones tienen que hacer frente.

La ley de Parkinson

Entre estas, cabe destacar la ley de Parkinson (1955), del historiador británico Cyril Northcote Parkinson (1909-1993), que anuncia que el trabajo se extiende siempre de tal manera que ocupa el tiempo del que dispone la persona a cargo de él. Por extensión, podemos imaginar que todos los recursos disponibles para un proyecto siempre se consumen, ya se trate de tiempo, de dinero, de mano de obra, etc. Hay dos consecuencias que sostienen esta ley:

- **la multiplicación de los subordinados.** Si un empleado fracasa en la realización de un proyecto, solamente tiene dos opciones: o traslada una parte de su trabajo a alguien que se convierte en un rival potencial, o pide ayuda a sus subordinados. En la mayoría de los casos, opta por la segunda opción, por una parte, para proteger su puesto y, por la otra, para otorgarle importancia. Cabe destacar que intenta rodearse de varios subordinados, para poder compartir con ellos todas las tareas. Desde el momento en el ninguno de ellos puede efectuar solo toda la tarea, no existe rival potencial;

- **la multiplicación del trabajo.** Trabajemos con iguales o con subordinados, el hecho de trabajar con varias personas multiplica considerablemente la carga de trabajo. A menudo se necesita tanto tiempo para coordinarse como para realizar el trabajo. Como la mayoría de veces hay alguien en el equipo al que le cuesta delegar y que por lo tanto asume más responsabilidades, el trabajo se rectificará al final para que corresponda a lo que una persona sola habría producido. A fin de cuentas, para producir el mismo trabajo —que una persona sola habría hecho— habría sido necesario que un equipo entero se dedicara a ello y que se hubiese dedicado tiempo adicional para la coordinación de este equipo.

El principio de Dilbert

También mencionaremos el principio de Dilbert, sacado de un cómic epónimo de Scott Adams (dibujante estadounidense, nacido en 1957). Según él, los incompetentes son los que ascienden inmediatamente y que acaban siendo mánagers, incluso si no han demostrado antes que poseen habilidades particulares. Este principio es todavía más radical que el de Peter en la medida en la que supone que confiamos conscientemente las funciones de gestión a los incompetentes para que no puedan causar perjuicios. Esto presupone, sin lugar a dudas, que la gestión siempre es inútil.

**Comparación entre el principio de Peter
y el principio de Dilbert**

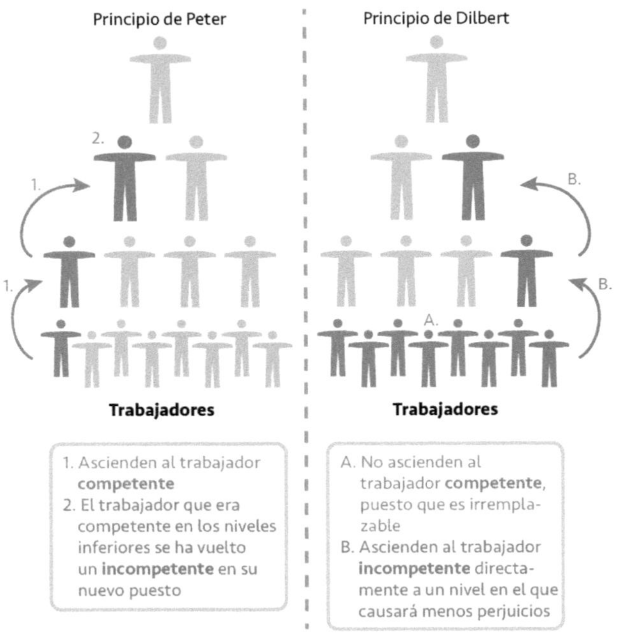

Y siguiendo una misma lógica, podemos pensar en el dicho popular que dice que «el que sabe, hace; el que no sabe, enseña».

Aunque no se pueden calificar de «modelos» propiamente dichos —ya que no son científicos—, estos principios son prueba de una cierta resistencia empírica al rendimiento teórico de los modelos económicos. Por ello, ¿hay que renunciar a los modelos —de los que en realidad conocemos los límites— y considerar los ascensos al azar?

APLICACIÓN DEL CONCEPTO

Los estudios de caso en los que se aplica el principio de Peter son innumerables e inexistentes al mismo tiempo. Son innumerables ya que cada uno de nosotros podremos fácilmente imaginar una situación en la que ascienden a un incompetente, o reconocer uno de los síntomas descritos por Peter en nuestros colegas o en nuestros superiores. Decir que estos son efectivamente casos manifiestos de incompetencia es otro asunto. Resulta bastante difícil medir el rendimiento de un empleado, como la mayoría de responsables de recursos humanos bien saben. Del mismo modo, los empleados tendrán tendencia a menudo a encontrar incompetente a su superior ya que es más fácil criticar a los responsables que asumir responsabilidades. La mayor parte del tiempo, la literatura presenta casos en los que la incompetencia es manifiesta, pero que solamente salen de la imaginación de los partidarios del principio de Peter. En este sentido, no hay ejemplos de casos reales.

ESTUDIO DE CATANIA

Más que explicar fábulas, Alessandro Pluchino, Andrea Rapisarda y Cesare Garofalo, en su artículo «The Peter Principle Revisited: A Computational Study», prefirieron intentar otro tipo de confrontación del modelo a la realidad. Llevaron a cabo una simulación por ordenador de la evolución de una organización piramidal mediante la variación de las hipótesis de ascenso. Su artículo de resultados sorprendentes les hizo ganar un premio Ig Nobel de Economía, una parodia del Premio Nobel, que premia a los resultados de las investigaciones más disparatadas. Sin embargo, su estudio es serio y la rareza de los resultados refuerza el pensamiento y las hipótesis humorísticas desarrolladas por Peter.

Definición de una organización ficticia

Así pues, definieron en un programa informático (utilizando *Netlogo*, un lenguaje de programación especialmente pensado para las simulaciones multiagentes propicias para probar diferentes aspectos de la teoría de juegos) una organización ficticia formada por seis niveles jerárquicos (que contenían respectivamente 81, 41, 21, 11, 5 y 1 elementos). Cada agente se caracterizaba por una edad de entre 18 a 60 años y por un nivel de competencia entre 1 y 10.

Al inicio de la simulación, las edades y los niveles de competencia se determinan aleatoriamente según el principio de la distribución estadística que hemos evocado anteriormente.

La distribución estadística

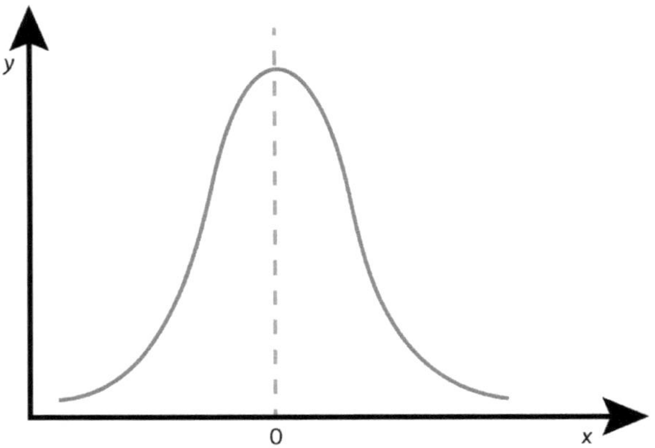

Simulación

Con la situación inicial dada, empezamos la simulación. A cada «turno de la partida», aumentamos la edad de los agentes. Cada agente que supera los 60 años desaparece y se rellena su hueco con el ascenso de los agentes del nivel inferior. Los huecos del nivel más bajo se llenan con nuevos agentes cuya edad y competencia se determinan también al azar.

Cuando un agente cambia de nivel, también cambia de competencia según dos hipótesis que se prueban:

- **la hipótesis de Peter.** El nuevo nivel de competencia es completamente aleatorio;

- **la hipótesis del Sentido Común.** El nuevo nivel de competencia es un aumento o una reducción del antiguo de máximo un 10%.

En estos dos casos, conviene medir el rendimiento global del sistema, que corresponde al rendimiento medio de todos los niveles. Cabe destacar que cuanto más sube un trabajador, más tiene que aumentar su rendimiento individual.

Naturalmente, la pregunta que se plantean los investigadores es la misma que la que se plantea cualquier mánager: ¿a quién hay que ascender? Para cada una de estas hipótesis, los investigadores han probado tres tipos de promoción:

- la promoción del mejor empleado;
- la promoción del más incompetente;
- la promoción de un empleado seleccionado al azar.

Resultados

El rendimiento del sistema llega a un punto de equilibrio muy rápidamente.

Tabla de los tipos de promoción y de los resultados

Tipos de promoción	Resultados en función de la hipótesis del Sentido Común	Resultados en función de la hipótesis de Peter
Promoción del mejor empleado	Eficiencia elevada	Eficiencia baja
Promoción del más incompetente	Eficiencia baja	Eficiencia elevada
Promoción de un empleado seleccionado al azar	Eficiencia media	Eficiencia media

Bajo la hipótesis del Sentido Común, la situación no resulta verdaderamente sorprendente. Se obtiene un buen rendimiento global cuando se asciende a los buenos y un mal rendimiento global cuando la promoción es para los malos. La promoción al azar no causa un impacto mayor en el rendimiento global.

No obstante, cuando se admite la hipótesis de Peter, se obtiene una conclusión sorprendente (que fue la que hizo ganar el Ig Nobel a los investigadores italianos): hay que ascender a los incompetentes. Si se asciende a un mal trabajador en un nivel dado, hay muchas posibilidades de poderlo sustituir por alguien mejor que él, ya que la mayoría de los agentes tienen un rendimiento medio. Además, tras su reasignación, el rendimiento del malo se va a «volver a sortear», al azar, en este caso también con muchas posibilidades de obtener un resultado medio. Y si el azar le vuelve a dar un resultado muy malo, volverá a moverse en el próximo turno. Así pues, la promoción del más malo es la conclusión lógica de la hipótesis de Peter. Luego, como en el caso de la hipótesis del Sentido Común, el azar continúa siendo neutro. En cuanto a la promoción del mejor, funciona exactamente tal como Peter la había descrito: impulsa a todo el mundo hasta su nivel de incompetencia, lo que hace que el rendimiento global sea pésimo.

Conclusión

Por lo tanto, o Peter tiene razón y solamente podemos aconsejar a los mánagers que asciendan a sus trabajadores más malos, o tenemos que admitir que la competencia para un puesto superior es una simple variación de la competencia para un puesto inferior y la promoción de los mejores agentes es la solución por la que hay que apostar.

CONSEJOS Y BUENAS PRÁCTICAS

De manera global, Peter se plantea el problema de forma demasiado estática y simplista. ¿Por qué considerar la competencia para un puesto como una constante? Si el sistema de gestión de recursos humanos aplicado es eficaz, las medidas regulares de rendimiento son sucedidas por entrevistas con los responsables del personal y por formaciones para aumentar la eficacia del trabajo.

Esto presenta, sin lugar a dudas, varios inconvenientes:

• por una parte, se necesitan *Key Performance Indicators* (indicadores de rendimiento) pertinentes para determinar de la manera más objetiva posible la calidad del trabajo prestado. En el caso de un vendedor, por ejemplo, bastará con medir el número de clientes potenciales que han entrado en la tienda (cada vez más tiendas instalan sensores para detectarlo), la suma que el vendedor ha obtenido, y con establecer la relación entre ambos. Sin embargo, el cálculo del rendimiento es más peligroso cuando se trata de medir la calidad del trabajo prestado por un funcionario o un empleado de oficina. Cuando Peter habla de incompetencia, parece que se basa más en un sentimiento impreciso que en indicadores concretos;
• por otra parte, resulta más difícil y caro aplicar un sistema de recursos humanos eficaz y formaciones que si solo bastara con medir el rendimiento de los empleados

y ascender directamente al buen empleado en función de su experiencia pasada.

Se verifique o no la hipótesis de Peter, los mánagers pueden contemplar la jerarquía de dos maneras opuestas:

- si se define claramente cada función y sus competencias relacionadas, es mucho más simple aplicar *Key Performance Indicators* y evaluar el rendimiento;
- si, por el contrario, no se definen con total precisión las funciones que cada uno tiene que ejercer, es mucho más fácil quitarle funciones a alguien que no sea competente para desempeñarlas, pero se pierde eficacia de forma considerable.

Además, se podría simplemente hacer que los trabajadores tuvieran más movilidad mediante la eliminación del efecto trinquete. Los descensos de grado son más comunes de lo que Peter parece pensar.

Cuando la hipótesis de Peter no es aplicable

En caso de que la hipótesis de Peter no fuera aplicable, entonces el sistema del Sentido Común —es decir, ascender al mejor— por lo general aplicado por las organizaciones es totalmente eficiente. Tiene la doble ventaja de motivar a los empleados a luchar para obtener mejores resultados con la esperanza de conseguir un ascenso, y de ahorrar así su formación a la organización, ya que ellos mismos harían todo lo posible para adquirir el nivel de competencia necesario para el puesto superior.

Cuando la hipótesis de Peter es aplicable

No obstante, si la hipótesis de Peter es aplicable, el caso es mucho más problemático. Si se promueve a los más incompetentes, esto debe hacerse con total discreción para no desmotivar a los empleados. Igualmente, será necesario dar prioridad a los incentivos económicos y abstenerse de utilizar el sistema de los ascensos como recompensas.

Esta manera de hacer y de concebir los ascensos tiene sus límites, ya que genera costes importantes para la organización y no permite encontrar a la persona más adecuada para el puesto vacante.

Finalmente, si la hipótesis de Peter se corresponde con la realidad de las organizaciones y si el efecto trinquete es tan inamovible como parece, entonces la única solución razonable consiste en acompañar a los empleados de la forma más eficiente posible, midiendo sus competencias y, si es necesario, motivándolos y formándolos. Esto tendrá un coste muy superior para la organización que si la competencia entre empleados bastara para volverlos competentes en todos los niveles de la jerarquía.

EN RESUMEN

- El principio desarrollado por Laurence J. Peter y Raymond Hull aparece en una obra satírica titulada *El Principio de Peter* en 1969, una época en la que las empresas, enfrentadas a un contexto estable y de crecimiento económico, planeaban el crecimiento y el desarrollo de su estructura y debían inevitablemente gestionar los ascensos.

- El principio se basa en la hipótesis siguiente: toda organización asciende a los empleados competentes hasta un puesto que ya no pueden asumir y del que no serán destituidos. Entonces, la organización se dirige hacia la incompetencia generalizada.

- La contribución se sitúa sobre todo a nivel de los mánagers que tienen la necesidad de saber cómo hay que gestionar los movimientos de su personal para mejorar el rendimiento global de su organización. Con este objetivo, deben velar por la evolución de las competencias y por el desarrollo de la inteligencia colectiva, ya que aunque nadie es perfecto, ¡un equipo puede llegar a la perfección!

- Las hipótesis del modelo despiertan polémica, en particular la que avanza que las competencias necesarias para un puesto no dependen de las que se valoran en los puestos ocupados anteriormente.

- Hay otras leyes que apuntan hacia la misma dirección que el principio de Peter, como la ley de Parkinson sobre la tendencia natural de una organización a complicarse hasta volverse ineficiente.

- Consejos:
  - si la hipótesis de Peter no es aplicable, habría que

fiarse de su sentido común y promover a los mejores;
- si la hipótesis de Peter es aplicable,
  * promover a los peores sin que se sepa,
  * dar prioridad a los incentivos económicos sin cambiar a los empleados de función,
  * observar individualmente a cada empleado y realizar movimientos en el seno de un mismo nivel jerárquico.

¡Tu opinión nos interesa!
¡Deja un comentario en la página web de tu librería en línea,
y comparte tus favoritos en las redes sociales!

PARA IR MÁS ALLÁ

FUENTES BIBLIOGRÁFICAS

* Blary, Jean-Luc. 1999. "Le principe de Peter". *Lettre d'ADELI*, n.° 36.
* Delahaye, Jean-Paul. 2011. "Le principe de Peter". *Pour la science*, n.° 407, 82-87.
* Peter, Laurence J. y Raymond Hull. 2011. *Le Principe de Peter ou pourquoi tout va toujours mal.* París: Librairie Générale Française, colección *Livre de Poche*.
* Pluchino, Alessandro, Andrea Rapisarda y Cesare Garofalo. 2010. "The Peter Principle Revisited: A Computational Study". *Physica A: Statistical Mechanics and its Applications*, vol. 3, 467-472. Febrero. Consultado el 18 de julio de 2014. http://arxiv.org/pdf/0907.0455v3.pdf

FUENTES COMPLEMENTARIAS

* Adams, Scott. *Dilbert*. Consultado el 18 de julio de 2014. http://www.dilbert.com/

¡APRENDER NUNCA ANTES FUE TAN RÁPIDO!

www.en50minutos.es

www.en50Minutos.es

ISBN ebook: 9782806274823

ISBN papel: 9782806286079

Depósito legal: D/2016/12603/543

Libro realizado por <u>Primento</u>*, el socio digital de los editores*